EDICT DV ROY

POVR L'HEREDITE'

AVX CONTROLLEVRS

Generaux des Gabelles, Grenetiers & Controlleurs particuliers en chacun Grenier, des
droicts dont ils ont ioüy &
ioüyssent à present.

Verifié en la Chámbre des Comptes &
Cour des Aydes à Paris.

A PARIS,
Par FED. MOREL, & P. METTAYER,
Imprimeurs ordinaires du Roy.
M. DC XX.
Auec Priuilege de sa Majesté.

3

EDICT DV ROY POVR

l'heredité aux Controlleurs Gene-
raux des Gabelles, Grenetiers &
Controlleurs particuliers en chacun
Grenier, des droicts dont ils ont iouy,
& ioüyssent à present.

OVIS par la gra-
ce de Dieu Roy de
France & de Nauar-
re, A tous presens
& à venir, Salut.
Nous auons par nostre Edict du
mois de Nouembre mil six cens
quinze, creé en tiltre d'Office for-
mé vn Triannal en chacune charge de finance, comptable & non
comptable, en laquelle il y a des

A ij

anciens & alternatifs, Entre autres
en chacun de nos Greniers à Sel,
pour iouïr de pareils & semblables
gages, droicts, taxations, profits,
reuenus & esmolumens que les anciens & alternatifs desdits Offices,
reserué les augmentations des gages attribuez pour finance de sur-
uiuance reuoquée, ou remboursement de Triannaux; & voulu que
lesdits Triannaux estans en exercice, retinssent par leurs mains lesdits gages, taxations, droicts & esmolumens , & hors d'iceluy qu'ils
en fussent payez par les anciens &
alternatifs : ce qui a esté generale-
ment executé, fors & excepté pour
les Offices de Grenetiers, Controlleurs Triannaux demeurez iusques
à present sans iouïssance desdicts
droicts & taxations, sur l'ambigui-

5

té d'vne clauſe inſerée audit Ediⅽt, qui porte que pour deſ-intereſſer les anciens & alternatifs de la finance par eux payée pour l'attribution des droiⅽts, depuis l'année mil cinq cens quatre-vingts dix-ſept, les pourueus deſdits Offices Triannaux ſerót tenus de les rembourſer du tiers de leurſdite finance. Et d'autant que la derniere attribution de ſept deniers pour minot, tant en exercice que hors d'iceluy, qui a eſté faiⅽte aux Grenetiers & Controlleurs anciens & alternatifs, eſt du mois de May, mil cinq cens quatre-vingts quinze, ils ontſouſtenuleſdits Triannaux nõ recepuables au rembourſemét dudit tiers, & leſdits Triannaux au contraire qu'il n'eſcheoit aucun rembourſement, attendu la lon-

A iij

gue iouïſſance , meſmes qu'ils a-
uoient achepté leurs Offices aſſez
cherement pour iouïr de leur part
deſdits droicts. Surquoy ſ'eſtans
leſdits Officiers retirez par deuers
nous en noſtre Conſeil pour leur
eſtre pourueu, & requis qu'il nous
pleuſt pour faire ceſſer telles diffi-
cultez ; & ſuiuant l'intention dudit Edict de creation deſdits Triá-
naux, attribuer de nouueau auſdits
Officiers Triannaux pareils droits,
dont iouïſſent leſdits Grenetiers &
Controlleurs anciens & alternatifs : & les faire hereditaires ainſi
que les ſept deniers pour minot attribuez par Edict du mois de Ianuier mil ſix cens trois : comme auſſi
aucuns des Officiers des Greniers
où le Sel ſe diſtribue par impoſts,
auſquels eſt attribué cinq ſols pour

chacun minot pour le droict de
verification & fignature de roolle,
par Edict du mois de   mil
fix cens treize: Enfemble les Controlleurs Generaux de nofdites Gabelles, qui iouiffent de deux deniers pour minot de Sel , paffant
par les emboucheures des riuieres
pour le fourniffement de nos Greniers, Nous ayans cy deuant requis
qu'il nous pleuft rendre lefdicts
droicts hereditaires, à la charge de
nous fecourir tous en la neceflité
de noz affaires , chacun felon fon
intereft, de quelque fomme nota-
ble: Sçauoir faifons qu'apres auoir
mis cét affaire en deliberation en
noftre Confeil, où eftoient aucuns
Princes de noftre fang, autres Princes & Officiers de noftre Couron-
ne , & autres grands & notables

personnages, & y auoir faict voir
ledict Edict de creation defdicts
Triannaux du mois de Nouembre
mil fix cens quinze, les Edicts d'attribution de dix deniers pour minot aux Grenetiers anciens & alternatifs en exercice, & de fept deniers auffi pour minot à chacun
defdits Officiers, tant en exercice
que hors iceluy: Mefmes l'Edict de
l'heredité defdits fept deniers du
mois de Ianuier mil fix cens trois.
Ayant efgard aux remonftrances
de tous lefdits Officiers, tant anciens & alternatifs que Triannaux,
& ne trouuant moyen plus fup-
portable & moins à la charge de
nos fubiects, pour eftre fecourus:
De l'aduis de noftredit Confeil, &
de noftre certaine fcience, pleine
puiffance & auctorité Royale,
Nous

Nous auons par cestuy nostre present Edict perpetuel & irreuoca-
ble, attribué & attribuons ausdits
offices de Greneriers & Controlleurs Triannaux de nos Greniers à
Sel, creez par ledit Edict du mois
de Nouembre mil six cens quinze,
pareil & semblable droict à la ven-
te du Sel en nos Greniers, que ce-
luy dont ioüissent à present les Grenetiers & Controlleurs anciens &
alternatifs, sçauoir dix deniers en
l'annee d'exercice, & sept deniers
tát en exercice que hors iceluy, re-
uenát le tout à douze deniers pour
minot, tant en l'annee d'exercice
que hors d'icelle pour chacun of-
ficier, pour en ioüir tant par ceux
qui aurót leué lesdits offices Triannaux, & qui les auront reünis aux
anciens & alternatifs ou autremét,

B

que par autres perſonnes qui s'en
feroient faict pourueoir : Et où en
aucuns de nos greniers leſdits Grenetiers anciens & alternatifs ne
ioüiſſent entierement deſdits douze deniers pour minot, Nous voulons que leurſdits droits ſoiét aug-
mentez, & ſe leuent iuſques à la
concurrence deſdits douze deniers
chacun, tant en exercice que hors
iceluy: En ſorte que pour le droict
des trois Grenetiers & trois Controlleurs enſemble,il ſe leue ſix ſols
pour minot en tout, qui eſt à chacun douze deniers. Lequel droict
nous auons par ceſtuy noſtre Edict
entierement faict & rendu hereditaire, ainſi que les ſept deniers des
anciens & alternatifs, portez par
ledit Edict du mois de Ianuier mil
ſix cens trois: Comme auſſi, Nous

auons pareillement faict & faifons hereditaire le droict de cinq fols pour minot de Sel attribué aufdits officiers des greniers, où le Sel fe diftribue par impoft, pour ledit droict de verification & fignature de roolle par noftre Edict du mois de   mil fix cens treize. Enfemble les deux deniers pour minot, attribuez à chacũ des Controlleurs generaux de nos gabelles fur le Sel, paffant par les embou-cheures des riuieres pour le fourniffement de nos greniers, pour ioüir par tous lefdits officiers des fufdits droicts à tiltre hereditaire, en telle forte que vaccation aduenant par mort d'aucuns defdits offices, ou quand les refignations feront taxees, que lefdits droicts en foient exceptez & n'entrent en

B ij

taxé, mais qu'ils demeurent en la
pleine & entiere disposition des
acquereurs, leurs veufues ou heritiers, pour en iouïr, comme de leur
propre & loyal acquest, iusques à
ce qu'ils ayent esté actuellement
remboursez de la finance qu'ils auront payee, tant pour l'attribution
que pour l'heredité. Voulons tou-
tesfois & entendons, que ceux qui
leueront en nos parties Casuelles
lesdits offices vaccans, soiét receus
par preference dans trois mois, du
iour de leur reception ausdits offices, de rembourser ausdites veufues
& heritiers, la finance payee pour
lesdites attributions en heredité,
pour les posseder & en iouïr apres
ledit remboursement à mesme tiltre: & ledit temps passé, sera permis
ausdites veufues & heritiers d'en

disposer comme bon leur semble-
ra. Pour ioüir de laquelle attribution & augmentation de droict
par ceux à qui elle escherra, & du
tiltre hereditaire de tous lesdits
droicts , Seront lesdits officiers
tenus payer en nos parties Casuelles, les sommes ausquelles chacun d'eux sera moderément taxé
en nostre Conseil, vn mois apres le
commandement qui leur aura esté
faict, & ledit temps passé y sera par
nous pourueu, en remboursant
prealablement lesdits officiers, de
la finance qu'ils verifieront auoir
pour ce payee ou autrement, ainsi
que nous verrons bon estre.

Si donnons en mandement à
nos amez & feaux Conseillers, les
Gens de nos Comptes & Cour des
Aydes à Paris, que cestuy nostre

B iij

Edict ils verifient & facent enre-
giſtrer , & d'iceluy ioüir. & vſer
plainement & paiſiblement tous
leſdits officiers chacũ endroit ſoy,
ceſſans & faiſans ceſſer tous trou-
bles & empeſchemens au cõtraire,
nonobſtant toutes interpretations
qui pourroient eſtre donnees audit
Edict de creation des Triannaux,
& tous autres Edicts, Declarations,
Reglemens & lettres à ce cõtraires:
Auſquelles , & aux derogatoires
des derogatoires y cõtenues, Nous
auons derogé & derogeons par ces
preſentes : Car tel eſt noſtre plaiſir.
Et afin que ce ſoit choſe ferme &
ſtable à touſiours, Nous auons faict
mettre noſtre ſeel à ceſdites preſentes. Donné à Paris, au mois de
Feurier, l'an de grace mil ſix cens
vingt, Et de noſtre regne le dixieſ-

me. Signé, LOVIS. Et sur le
reply, Par le Roy, DE LOMENIE.
Et à costé, Visa, Et seellé du grand
sceau de cire verte sur lacs de soye.
Et encores sur ledit reply est escrit,

Leu, publié, & registré en la Cham-
bre des Comptes, ce requerant le Pro-
cureur General du Roy, par le com-
mandement de sa Majesté, porté par
Monsieur le Prince de Condé venu
expres en ladite Chambre, assisté des
sieurs de Chasteauneuf, President Iean-
nin & Vignier, Conseillers en ses Con-
seils d'Estat & priué, le vingt-qua-
triesme iour de Feurier, mil six cens
vingt.
Signé,   BOVRLON.

Leu, publié & registré, par le com-
mandement du Roy, porté par Mon-

sieur le Prince de Condé, assisté des
sieurs de Chasteauneuf, Ieannin, &
Uignier, Conseillers au Conseil d'Estat
de sa Majesté, ouy & consentant le
Procureur General. A Paris en la Cour
des Aydes, le vingt-quatriesme Feurier mil six cens vingt.

Signé, PAVLMIER.

www.ingramcontent.com/pod-product-compliance
Lightning Source LLC
LaVergne TN
LVHW021506060726
842527LV00006B/2472